Silke Moritz

Die ratlosen Römer

Eine Zeitreise zum Mitraten

W0041475

Ben

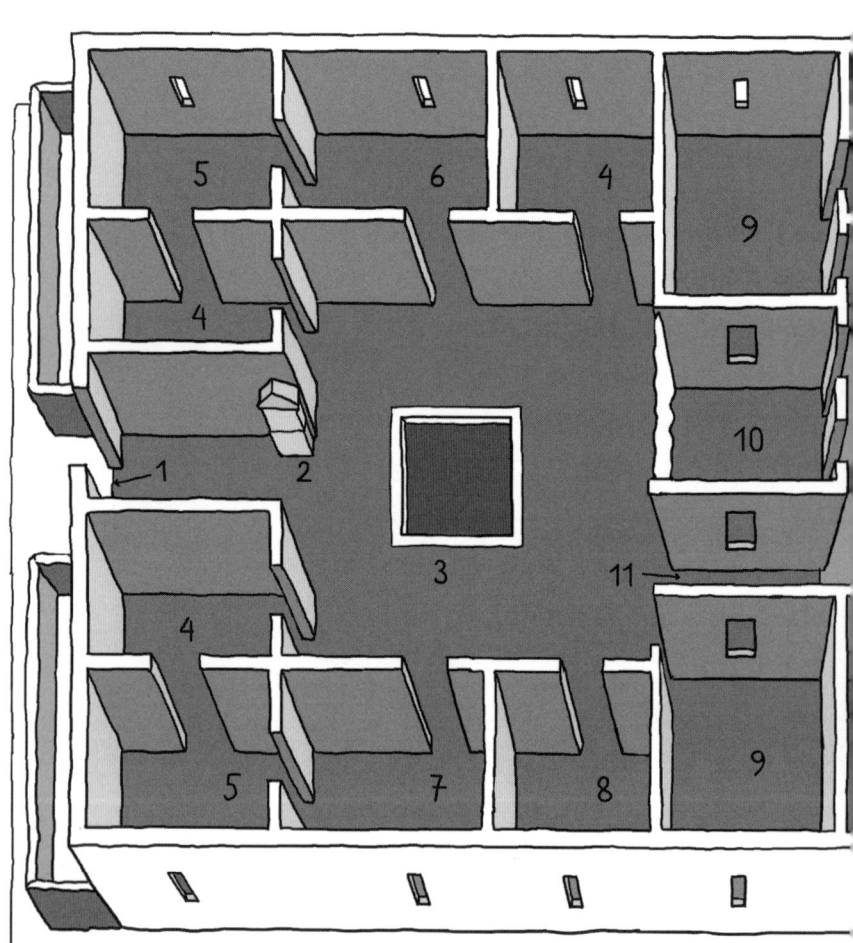

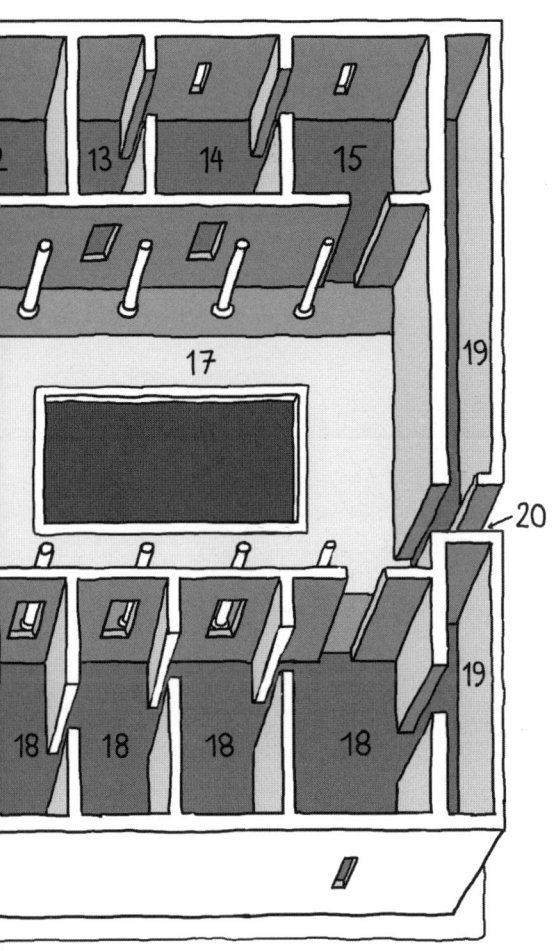

DAS HAUS DES SENATORS

1 Eingang
2 Hausaltar
   (Lararium)
3 Innenhof (Atrium)
   mit Regenbecken
   (Impluvium)
4 Schlafraum
5 Ankleideraum
6 Zimmer des
   Senators
7 Zimmer der
   Senatorin
8 Studierzimmer
9 Speisezimmer
   (Triclinium)
10 Empfangsraum
   (Tablinum)
11 Flur (Fauces)
12 Küche (Culina) mit
   Klo (Locus)
13 Tims Kammer
14 Bibliothek
15 Demetrios' Zimmer
16 Säulengang (Peristyl)
17 Garten (Hortus) mit
   Wasserbecken
18 Räume der
   Bediensteten
19 Vorratsraum
20 Hinterausgang

© Moritz/Ahlgrimm

Silke Moritz, langjährige Leiterin einer Privatschule, und *Achim Ahlgrimm,* freier Illustrator, ersinnen seit einigen Jahren zusammen Kinderbücher. Dabei ist Silke Moritz für die Texte und Achim Ahlgrimm für die Bilder verantwortlich. Die beiden sind miteinander verheiratet und leben zusammen mit ihren zwei Töchtern, einer Katze und zwei Kaninchen am Stadtrand von Hamburg.

Silke Moritz

Die ratlosen Römer

Eine Zeitreise zum Mitraten

Mit Illustrationen von Achim Ahlgrimm

Deutscher Taschenbuch Verlag

Von Silke Moritz und Achim Ahlgrimm sind bei <u>dtv</u> junior außerdem
lieferbar:
Abgefälscht und ausgetrickst! 40 Rätsel für Fußballfans
Die ratlosen Ritter. Eine Zeitreise zum Mitraten

Das gesamte lieferbare Programm von <u>dtv</u> junior und viele andere
Informationen finden sich unter <u>www.dtvjunior.de</u>

Originalausgabe
© 2012 Deutscher Taschenbuch Verlag GmbH & Co. KG, München
Umschlagkonzept: Balk & Brumshagen
Umschlagbild: Achim Ahlgrimm
Lektorat: Maria Rutenfranz
Gesetzt aus der Arrus 12/18˙
Gesamtherstellung: Kösel, Krugzell
Printed in Germany · ISBN 978-3-423-71482-2

Gute Idee!

Tim ist verzweifelt. Es regnet seit Tagen, alle Ferienbücher sind ausgelesen und sein bester Freund ist mit den Pfadfindern unterwegs. So hatte Tim sich seine Ferien nicht vorgestellt.

Hilfe suchend wendet er sich an Onkel Harald. Aber auch mit dem einfallsreichen Tüftler ist heute nichts anzufangen. Mürrisch blättert der sonst so lustige Erfinder in dicken Nachschlagewerken und brummt ärgerlich: »Ein einziges Gedicht von Ovid fehlt mir in meiner Sammlung altrömischer Lyrik. Es heißt ›Die Himmelsphänomene‹, aber es wird überall als verschollen bezeichnet.«

»Ovid?«, fragt Tim.

»Ein Dichter, der vor 2000 Jahren in Rom lebte«, seufzt Onkel Harald und versinkt wieder in seinen Büchern.

Plötzlich weiß Tim, wie er seine Ferien retten kann. Unbemerkt nimmt er den Teletimer aus der Ladeschale – eine neue Zeitreise kann beginnen!

7

Rom ruft

Der Teletimer ist eine kleine Zeitmaschine. Sein Akku scheint zwar nicht ganz aufgeladen zu sein, aber Tim will es trotzdem wagen, mit seiner Hilfe ins Alte Rom zu reisen. Er wird sich bei der Suche nach dem verschollenen Gedicht beeilen müssen!

Zum Glück weiß er, wie der Teletimer funktioniert. Er muss nur »Altes Rom« eingeben, dann wird ihm das kleine Gerät eine Rechenaufgabe stellen.

Der Teletimer reagiert prompt. Auf dem Display erscheint ein Rechendreieck. Darunter steht eine Anweisung: »Gesucht sind die Zahlen im Dreieck. Wenn du zwei addierst, kommt das jeweilige Ergebnis am Rand heraus. Wenn du die gefundenen Zahlen zusammenzählst, ergibt sich das Jahr, in das du reisen wirst.«

Tim überlegt und probiert ein bisschen herum. Hoffentlich verrechnet er sich nicht, sonst landet er am Ende bei den Neandertalern!

Welche Zahl muss er eingeben?

Rätselhafte Hirten

Obwohl der Teletimer schon einige Jahre auf dem Buckel hat, arbeitet er zuverlässig. Ehe Tim auch nur bis drei zählen kann, hat er Sandalen an den Füßen und eine Tunika* am Körper. Er steht an einer gepflasterten Landstraße. Ochsenkarren und Pferdekutschen ziehen in einer Reihe hintereinanderher. Tim ist verwirrt. Er wollte doch nach Rom! Ratlos blickt er nach links und rechts. Welche ist nun die richtige Richtung?

Neben sich entdeckt Tim zwei Männer, die ein paar Ziegen vor sich hertreiben. »Wo bitte geht es nach Rom?«, fragt er die Hirten.

Die beiden lachen und erklären dann: »Einer von uns beiden sagt immer die Wahrheit und einer von uns beiden lügt immer. Du hast genau eine Frage, um die richtige Richtung herauszufinden.«

Tim überlegt kurz und fragt dann den einen: »Was würde dein Freund antworten, wenn ich ihn frage, in welche Richtung ich gehen soll?«

Der Mann ruft: »Er würde sagen: nach links.«

Welche Richtung muss Tim einschlagen?

Begriffe mit * werden im Anhang erklärt.

11

Unfall mit Folgen

Tim trottet am Straßenrand entlang in Richtung Rom. Eben reitet ein Mann auf einem braunen Pferd an ihm vorbei, als auf einmal ein Unfall geschieht.

Weiter vorn haben sich zwei Fuhrwerke ineinander verkeilt. Ein Ochse galoppiert mit seinem Wagen im Schlepptau davon. Der andere Wagen stürzt um. Eine Ladung Kisten mit Gemüse poltert auf die Straße. Menschen schreien und das Pferd bäumt sich auf. Der Reiter fällt vom Pferd, Tim direkt in die Arme. Tim zieht ihn auf das verdorrte Gras neben der Straße.

Der Mann stöhnt auf und flüstert: »Wo ist mein Pferd? Du musst mein Pferd holen!«

»Das Pferd ist durchgegangen und weggelaufen«, erklärt Tim, aber er sieht etwas anderes, das dem Verletzten gehört.

Tim holt Hilfe

»Ich bin der Sohn von Senator* Sempronius. Ich heiße Claudius«, erklärt der Verletzte. »Kannst du mir helfen, nach Hause zu kommen? Allein schaffe ich es nicht, mein Bein tut zu weh.«

Tim nickt und stützt den Verletzten, doch am großen Aquädukt* kann Claudius nicht mehr weiter.

»Lauf zu meinem Vater und bitte ihn, mir eine Trage zu schicken«, sagt er mit schmerzverzerrtem Gesicht.

»Ich weiß nicht, wo dein Vater wohnt, denn ich bin nicht aus Rom«, gesteht Tim.

Claudius erklärt es ihm: »Du musst unter dem Aquädukt hindurchgehen, dann geradeaus und die zweite Straße links, danach die zweite Straße rechts, dann links, rechts, links, zweimal rechts abbiegen, danach zweimal links. Das große Haus auf der linken Seite ist das meines Vaters. Dort wird man dir helfen.«

Zu welchem Haus muss Tim gehen?

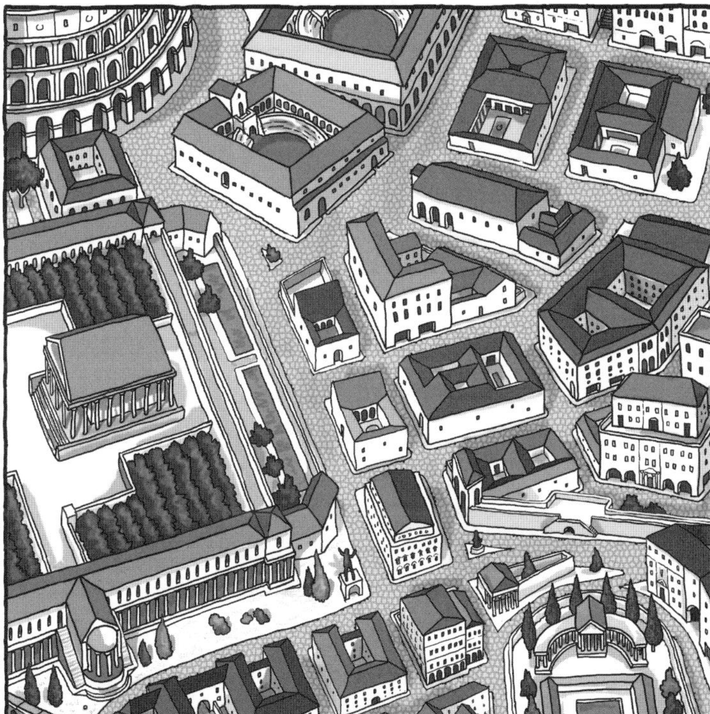

Eine große Familie

Der verletzte Claudius Sempronius wird von vier Sklaven in einer Sänfte nach Hause gebracht. Zum Glück sind die Verletzungen nicht schwer, ein paar Tage Ruhe und alles wird wieder in Ordnung sein.

Der Hausherr lässt sich genau schildern, was passiert ist. Dankbar wendet er sich an Tim: »Ich habe gehört, dass du nicht aus Rom bist. Wenn du möchtest, kannst du in unserem Hause bleiben, solange es dir gefällt.« Er winkt nach einem jungen Mann. »Der gelehrte Demetrios, Claudius' Rhetoriklehrer*, wird sich um dich kümmern.«

Mittlerweile haben sich immer mehr Menschen um den Kranken versammelt.

»Gehören die alle zur Familie?«, fragt Tim Demetrios erstaunt.

Der Gelehrte schmunzelt und antwortet: »Nicht alle, aber viele. Die Familienmitglieder haben alle zwei dunkle Streifen an der Kleidung.«

Wie viele Familienmitglieder sind versammelt?

17

Auch Götter haben Fehler

Demetrios führt Tim durch die Villa. Er zeigt ihm das Atrium*, das Peristyl*, den Garten mit dem Wasserbecken und die einzelnen Wohnräume. Die Wände sind prächtig mit Bildern bemalt und den Garten schmücken vier große Statuen, die vor dem Säulengang aufgestellt sind. Dort treffen Tim und Demetrios auf einen alten Steinmetz.

»Der Hausherr glaubt, es bringt Glück, wenn man möglichst viele Götter im Haus hat«, erklärt der Handwerker. »Deshalb soll ich jetzt diese vier Figuren kopieren.«

»Welche Götter sind es denn?«, erkundigt sich Tim neugierig.

»Der wichtigste ist Jupiter*, der Göttervater. Dann stehen da noch Minerva*, Mars* und Juno*«, erklärt der Steinmetz. »Aber der Herr Senator meint, ich habe bei jeder Kopie einen Fehler gemacht. Nur weiß ich nicht, wo.«

18 *Welche Fehler hat der Steinmetz gemacht?*

Tim sucht ein Versteck

Tim hat in Demetrios einen guten Freund gefunden. Er hat Tim neben der Bibliothek untergebracht. Dieser Raum ist fast leer. Wie soll Tim hier ein gutes Versteck für den Teletimer finden? Schmerzlich vermisst er seine Hosentaschen. Eine Tunika bietet so etwas nicht. Also untersucht er noch mal ganz genau den angrenzenden Garten. Unter den Büschen ist es zu sandig für sein Gerät, im Wasserbecken zu nass und die Säulen haben keinerlei Hohlräume. Der Teletimer ist nicht sehr groß, aber das LED-Lämpchen, das den Stand-by-Betrieb anzeigt, ist ziemlich auffällig.

Als Tim genauer hinsieht, bemerkt er, dass die Akkuanzeige blinkt. Er hat nur noch 72 Stunden Zeit. Hoffentlich reicht das, um das Gedicht für Onkel Harald zu beschaffen!

Das einzige Versteck, das sich ihm anbietet, sind vier Amphoren*, die an einer Mauer lehnen.

Als Tim entdeckt, dass sich eine von den anderen unterscheidet, wählt er diese als Versteck.

Welche Amphore wählt Tim?

Rezept auf Pergament

Am nächsten Morgen lernt Tim die vielen Sklaven kennen, die zum Haushalt des Senators Marcus Sempronius gehören.

In der Küche ist es heute besonders hektisch, denn der Hausherr erwartet Gäste. Der Senator hat Geburtstag und zu diesem Anlass hat er seine engsten Freunde zum Abendessen eingeladen.

Tim soll die Köchin Aurelia zum Markt begleiten. Zusammen mit vier Sklaven als Trägern will er sie aus der Küche abholen. Doch hier herrscht große Aufregung. Die Hausherrin hat Aurelia ein besonderes Rezept geschickt, und jetzt versucht die Köchin herauszufinden, was sie dafür einkaufen muss. Verzweifelt starrt sie auf das Pergament. Tim begreift schnell, dass sie nicht besonders gut lesen kann. Um ihr zu helfen, beugt er sich über das Rezept und versucht es zu entziffern.

REIBEDIEWACHTELBRUSTMITM
INZEUNDPFEFFEREINMISCHELO
RBEERMITZIMTUNDNELKENINE
INEMTOPFMITÖLDÜNSTEDIELIN
SENINDIESERBRÜHEFÜGEEINWE
NIGINGWERWERMAGHINZUU
NDBRATEDANNDIEWACHTELBR
USTDARINSERVIEREMITEINEMB
UNDDILLUNDWARMENFEIGEN

23

Tim im Getümmel

Tim, die Köchin Aurelia und die vier Träger kämpfen sich durch die Straßen Roms. Es ist unbeschreiblich voll. Menschenmassen drängen sich über den großen Markt, den Macellum Magnum*.

Aurelia ist nervös. Wird sie alles bekommen, was sie braucht? Sie arbeitet sich von Marktstand zu Marktstand vor, prüft hier ein Gemüse und riecht dort an einer Frucht. Überall duftet es wunderbar nach Feigen und Trauben und nach den kleinen Pasteten, die in den Garküchen angeboten werden. Tim läuft das Wasser im Munde zusammen, zu gern würde er davon kosten, doch Aurelia hat andere Pläne mit ihm.

»Ich kann den Ölhändler Olivius nicht entdecken. Mach dich doch bitte auf die Suche nach ihm. Er hat keine Haare mehr auf dem Kopf, trägt eine weiße Tunika und nascht die ganze Zeit Weintrauben.«

Tim muss eine Weile suchen, bis er Olivius findet.

Wo entdeckt er ihn?

Öl für alle

Um den Vorspeisen den richtigen Geschmack zu geben, braucht Aurelia Olivenöl – und zwar das beste! »Es muss Öl aus Saena Iulia* sein«, hat sie mit wichtiger Miene erklärt und Tim eine große Glasflasche in die Hand gedrückt.

Jetzt muss Tim warten, bis er an die Reihe kommt, um dann zwei Becher bestes Öl aus der Toskana zu ordern.

Doch der Ölhändler winkt ab. »Zwei Becher kann ich dir nicht abmessen, denn das Zwei-Becher-Maß ist noch mit Öl aus Sizilien für einen wichtigen Kunden gefüllt. Du musst warten, bis es abgeholt wird.«

Tim hasst es zu warten. Ungeduldig tritt er von einem Bein aufs andere, bis er entdeckt, dass der Ölhändler noch ein leeres Drei-Becher-Maß und ein leeres Fünf-Becher-Maß hat.

»Man kann die zwei Becher auch damit abmessen«, erklärt er dem Ölhändler.

Römische Delikatessen

Livia ist die Tochter der Köchin Aurelia. Obwohl sie in Tims Alter ist, muss sie schon kräftig in der Küche mithelfen, besonders heute, wo das Geburtstagsmenü für den Hausherrn zubereitet werden muss.

Viel lieber würde sie ein Schwätzchen mit Tim halten, aber die laute Stimme ihrer Mutter holt sie in die Küche zurück: »Livia, wenn du nicht sofort die letzten Vorspeisenteller anrichtest, wird dich der Hausherr den Löwen zum Fraß vorwerfen.«

Das ist zwar nicht ganz ernst gemeint, aber Livia gehorcht sofort.

»Warte, ich helfe dir«, ruft Tim.

»Du könntest prüfen, ob auf jedem Teller die gleichen Vorspeisen liegen«, bittet Livia. Sie holt die Lerchenzungen aus der Honigmarinade, öffnet die Austern, schneidet die Radieschen und garniert die Teller mit Salat, Eiern und Pilzen.

Tim begutachtet sorgfältig jeden Teller.

Liegen auf allen Tellern die gleichen Speisen?

29

Noble Gäste

Die Zeit bis zum Beginn des Festes will Demetrios nutzen, um in der Bibliothek an der Rede zu arbeiten, die der Senator übermorgen in der Curia* auf dem Forum Romanum* halten will.

Tim überlegt gerade, ob er Demetrios nach dem Gedicht von Ovid fragen soll, aber da treffen bereits die ersten Gäste ein.

Neugierig lugt Tim durch den Hauseingang. Er sieht mehrere wohlbeleibte Herren, die von kräftigen Sklaven in ihren Sänften herbeigetragen werden.

»Wer sind denn die da?«, fragt er Demetrios.

»Das sind die vier wichtigsten politischen Freunde des Herrn«, antwortet der Lehrer. »Marcus Valerius ist kleiner als Lucius Aponius, Senator Titus Hortensius hat schwarze Haare und Lucius Aponius ist dünner als Titus Hortensius.«

»Und wer ist der vierte?«, fragt Tim.

»Das ist Quintus Caecilius«, sagt Demetrios.

Jedes Jahr zählt

Noch nie hat Tim so ein opulentes Mahl gesehen. Manche Gerichte sind so exotisch, dass er sich nicht trauen würde, davon zu probieren. Zum Glück braucht er das auch nicht, denn er ist ja kein geladener Gast, sondern nur ein Zuschauer. Um den Gästen kleine Pausen zu gönnen, gibt es immer wieder verschiedene Darbietungen. Gebildete Sklaven deklamieren die Verse berühmter Dichter, anmutige Tänzerinnen erfreuen die ermattet daliegenden Zuschauer, und zum Schluss erhebt sich der Hausherr und lässt die Gäste raten, wie alt er geworden ist. Er sagt: »Vor fünf Jahren war ich genauso alt wie meine drei Söhne zusammen. Der jüngste war damals 12 Jahre alt, der älteste ist heute 23. Der mittlere ist von seinen beiden Brüdern gleich weit entfernt.«

Wie alt ist der Senator geworden?

Sänften im Stau

Die Geburtstagsgäste essen und essen. Tim hätte niemals gedacht, dass ein einzelner Magen so viel verkraften kann. Tatsächlich macht schließlich eine Freundin der Hausherrin schlapp. Sie ist eine kleine, schlanke Person und kann offenbar nicht so viel hinunterbringen wie die anderen. Sie hat schreckliche Bauchschmerzen und wird von Übelkeit geplagt.

Eilig wird ihre Sänfte herbeigerufen und Tim bekommt den Auftrag, sie als Fackelträger zu begleiten. Alles geht glatt, bis Tim zwei Straßen vor dem Ziel feststellen muss, dass sie nicht der einzige nächtliche Krankentransport sind. In einer engen Gasse kommt ihnen eine Sänfte entgegen, aus der man heftig würgende Geräusche hört.

Dummerweise steht in der kleinen Ausweiche ein dritter Krankentransport, aus dem mitleiderregendes Gejammer zu hören ist.

›Welch ein Elend‹, denkt Tim und beschließt, das Verkehrsproblem schnell zu lösen.

Wie kommen die drei Sänften aneinander vorbei?

Nächtliche Störung

Als Tim endlich wieder zu Hause ist, hört er an dem Gelächter der Gäste, dass das Gelage noch in vollem Gange ist. Aber Tim will nur noch ins Bett. In der Bibliothek neben seiner Kammer brennt noch Licht. Demetrios arbeitet wohl noch an der Rede des Senators. Tim rollt eine dünne Matte aus und deckt sich mit einem Laken zu. Mehr ist auch nicht nötig, denn es ist nachts sehr warm und nur eine Fensteröffnung zum Innenhof bringt etwas Frischluft. Im Einschlafen hört er, wie der Gärtner den Boden harkt, damit morgen früh alle Wege schön glatt aussehen.

Plötzlich ist Tim wieder hellwach. Was war das? Es klang wie das Tappen von hastigen Schritten. Aufgeregt blickt Tim durch das Fenster in den Innenhof.

Nichts ist zu sehen. Der Hof liegt still im Mondlicht.

›Ich habe geträumt‹, denkt Tim. Doch dann stutzt er. »Nein, ich habe mich doch nicht geirrt«, murmelt er, »da war jemand!«

Was hat Tim gesehen?

Dichterdurcheinander

Am nächsten Morgen wird Tim von Demetrios geweckt. »In der Bibliothek ist alles unordentlich. Warst du das?«, fragt der Lehrer. Tim schüttelt den Kopf und erzählt von seiner nächtlichen Beobachtung.

Demetrios wird blass. »Ein Einbrecher? Beim Jupiter – die Papyrusrollen*!«, ruft er. »Die sind unerhört wertvoll.« Er läuft zurück in die Bibliothek. »Ich hoffe, es sind noch alle da«, flüstert er beschwörend. »Was hatten wir denn? Sechs von Sophokles. Dann die Himmelsphänomene von Ovid.« Tim horcht auf. »Siebenmal den Sallust, ach nein, drei davon sind verliehen, genauso wie die vier Schriftrollen mit Versen von Euripides. Die fünf von Aischylos habe ich selbst geliehen, zwei davon sind aber noch in meinem Studierzimmer. Ach ja, den anderen Ovid hat Claudius zu sich genommen. Und dann ist da natürlich noch die Rede, die ich für den Senator schreibe ... ach, ich bin ganz durcheinander.«

Tim muss grinsen. Der griechische Gelehrte ist zwar ein guter Redner, aber ein schlechter Rechner.

38 *Sind die Papyrusrollen vollständig?*

Rede für die Freiheit

»Zwei Monate habe ich an der Rede für den Senator gearbeitet«, stöhnt Demetrios. »Sie war ein Meisterwerk, der Höhepunkt meiner Laufbahn! Ich hatte sie sogar schon mit dem Siegel des Senators versehen!«

»Warum ist die Rede denn so wichtig?«, fragt Tim.

»Mit dieser Rede will mein Herr den Kaiser beeindrucken«, entgegnet Demetrios. »Er will damit zum Konsul ernannt werden, wenn er sie morgen in der Curia vorträgt. Und mich wollte er zum Dank für die Rede freilassen. Aber daraus wird ja nun nichts mehr.«

»Wieso freilassen?«, fragt Tim verständnislos.

Demetrios antwortet: »Ich habe zwar eine gute Stellung hier im Hause des Senators, aber ich bin trotzdem nur ein armer griechischer Sklave.«

Jetzt begreift Tim, wie groß die Katastrophe ist.

»Komm, wir schauen noch mal, ob wir einen Hinweis finden«, schlägt er vor.

Gemeinsam durchsuchen sie den großen Garten.

Tim trägt Schmuck

»Ein Armreif?« Tim hält das glänzende Schmuck-
stück in die Morgensonne.

Auch Demetrios sieht sich den Armreif genau an.
»Den muss man am Oberarm tragen, für ein Hand-
gelenk ist er zu weit«, staunt er.

»Das muss aber ein ganz schön kräftiger Oberarm
sein«, wundert sich Tim und streift sich das Teil lo-
cker bis über die Schulter.

»Warte mal!«, ruft Demetrios. »Es sieht aus, als
wenn hier etwas eingestanzt ist. Aber man kann
nicht mehr viel erkennen, das Metall ist zu abge-
nutzt.«

Nachdenklich streicht Tim über die schwachen Ver-
tiefungen.

»Man müsste einen Abdruck machen«, schlägt er
vor.

Das bringt Demetrios auf eine Idee. Er springt auf
und holt seine Wachstafel. Vorsichtig glättet er mit
dem Stilus* das Wachs und rollt den Reif darauf ab.

43

Tim sieht mehr als der Senator

»»Morituri te salutant – die Todgeweihten grüßen dich‹. Was bedeutet denn das?«, will Tim wissen.

Demetrios erklärt: »Das sagen die Gladiatoren*, wenn sie sich in der Arena* vor dem Kaiser verneigen.«

»Der Armreif gehört also einem Gladiator«, überlegt Tim. »Wollen wir die nicht mal besuchen?«

»Ich nicht, ich muss eine neue Rede schreiben. Aber du kannst den Senator ja fragen, ob er dich ins Kolosseum* mitnimmt. Da kämpfen heute die Gladiatoren«, schlägt Demetrios vor. »Sag ihm aber nichts von der gestohlenen Rede, sonst muss ich bald selbst in dem riesigen Amphitheater* gegen Löwen kämpfen.«

Tim hat Glück, er darf tatsächlich mit.

»Das ist ja ein toller Bau«, staunt er kurz darauf.

Der Senator zeigt nach oben: »Sieh nur die Statuen in den Fenstern. Und keine zwei sind gleich«, prahlt er.

»Von wegen!«, denkt Tim bei sich.

Römischer Zahlensalat

»Dieser Eingang ist nur für Senatoren«, sagt Marcus Sempronius. »Leider kannst du nicht bei mir sitzen. Ich habe nämlich eine Ehrenloge ganz vorn, aber ich kann dir eine Eintrittskarte geben.«
Er holt ein kleines Kärtchen aus den Falten seiner Toga* und reicht es Tim.
»Am besten gehst du durch das Tor gleich links. Von da kommst du schnell zu den Plätzen, die für unseren Haushalt reserviert sind. Du kannst Platz Nummer 168 nehmen«, schlägt er vor und entschwindet.
Nun steht Tim allein in der Menschenmenge und betrachtet die Marmortafeln mit den Platznummern über den Eingängen zur Arena. Wie war das mit den römischen Zahlen? Er erinnert sich: Es gibt das I für eins, das V für fünf, das X für zehn, L steht für fünfzig und C für hundert. Die meisten Zahlen werden einfach zusammen gezählt. XXVI zum Beispiel wäre dann 26.
Tim ist zuversichtlich, Platz 168 müsste zu finden sein.

46   *Durch welchen Eingang geht es zu Tims Sitzplatz?*

LXXI - CXVI

CXVII - CXXXV

CXXXVI - CLXXII

CLXXIII - CCII

47

Kampf der Gladiatoren

In der Arena beginnt gerade der erste Kampf. Zwei Männer stehen einander gegenüber. Der eine ist ein Murmillo*, erfährt Tim von seinem Sitznachbarn. Der andere, mit dem kleinen Schild, ist ein Thraker*.

Das Publikum johlt und feuert die beiden an. Als der Murmillo eine tiefe Stichwunde abbekommt und heftig blutet, heizt das die Stimmung nur noch mehr an. Der Verletzte wirft seinen Schild weg – das Zeichen der Aufgabe. Jetzt entscheidet das Publikum über Tod oder Leben. Zum Glück richten nur wenige den Daumen nach unten, was das Todesurteil bedeutet hätte, und der Verletzte wird eilig aus der Arena getragen.

Tim ist entsetzt. So blutig hat er sich die Spiele nicht vorgestellt. Als im nächsten Kampf eine ganze Gruppe gegeneinander antritt, schließt er schnell die Augen, um das Gemetzel nicht mit ansehen zu müssen.

Da hört er plötzlich jemanden seinen Namen rufen. ›Das klang wie Livia‹, denkt Tim und dreht sich um.

Tief unter der Arena

»Wie finde ich zu den Gladiatoren?«, fragt Tim, nachdem Livia zu seinem Platz gekommen ist.

»Sie bereiten sich im Keller unter der Arena auf ihren Auftritt vor«, erklärt sie. »Komm mit!«

Im Keller ist es kühl und dämmerig, nur ein paar Öllampen spenden Licht. Plötzlich hören sie eine tiefe Männerstimme: »Bald bin ich ein freier Mann! Da staunt ihr, was?«

»Kannst du dich denn schon freikaufen?«, fragt ein anderer.

»Nein, aber ich habe meinem Herrn einen großen Gefallen getan. Senator Marcus Sempronius wird morgen seine Rede nicht halten können. Die habe ich nämlich gestern entwendet. So kann mein Herr jetzt Konsul* werden. Und ich brauche nicht mehr zu kämpfen, denn er wird mich zur Belohnung freilassen!«

Vorsichtig späht Tim um die Ecke. Er sieht ein paar Gladiatoren. Wenn er nur wüsste, wer gesprochen hat!

Titus' Termine

Zu Hause erzählt Tim Demetrios sofort von seiner Entdeckung im Kolosseum und wie der Gladiator aussieht.

»Den kenne ich doch! Der gehört Titus Hortensius. Und Titus war gestern Abend hier zu Gast. Wahrscheinlich war der Kerl sein Sänftenträger und hat sich hier als Dieb betätigt«, schimpft der Gelehrte.

»Dann müssen wir bei Titus nachsehen!«, ruft Tim.

»Ich kann nicht, ich muss erst eine neue Rede schreiben«, erklärt Demetrios. »Außerdem ist Titus fast die ganze Woche lang unterwegs.« Als Tim ihn fragend anschaut, erklärt er: »Jeden dritten Tag ist er im Circus Maximus*. Die beiden Tage davor weilt er in den Thermen*. Zwei Tage die Woche arbeitet er zu Hause und am sechsten Tag geht er wieder in die Therme. Der darauffolgende Tag ist mit Besuchen ausgefüllt. Wo er heute ist, weiß ich nicht so genau.«

»Was hat er denn gestern gemacht?«, fragt Tim.

»Gestern?« Demetrios kraust die Stirn. »Gestern war er doch bei uns zu Besuch.«

Wo ist Senator Titus Hortensius heute?

Frage und Antwort

»Vielleicht könnte ich die gestohlene Rede zurückholen. Ich muss nur sicher sein, dass Titus Hortensius wirklich nicht zu Hause ist«, überlegt Tim. »In welche Thermen geht er denn immer?«, erkundigt er sich bei Demetrios.

»In die privaten Thermen nahe des Minervatempels auf dem Aventin*«, antwortet der Gelehrte.

Mehr braucht Tim nicht, er rennt los.

Am Tor der Bäder steht ein Wächter und fordert von den Besuchern ein Passwort. Anscheinend kommt man nur mit der richtigen Antwort in die Therme hinein. Tim beobachtet, wie die Gäste Einlass erhalten. Den ersten fragt der Wächter: »16?« Der Gast antwortet: »8« und wird sofort hineingelassen. Der nächste entgegnet auf die Frage »28?« »14« und darf auch eintreten. Tim freut sich schon, wie einfach das alles ist, als ein Besucher auf die Frage »12« mit »6« antwortet und mit einem Fußtritt davongejagt wird.

Tim überlegt ein wenig und tritt dann mutig vor den Wächter. Der fragt: »14?«

55

Tim in der Therme

Tim ist zwar ohne Probleme in die Therme der Reichen und Schönen hineingekommen, aber schon im Empfangsraum erwartet ihn ein grimmig aussehender Bademeister, der gleich erkennt, dass Tim hier nicht hingehört. »Sofort wieder raus«, knurrt er drohend.

Tim schaut bittend und erklärt, dass er einem Badegast eine Frage auf Leben und Tod stellen müsse. Schließlich lässt sich der Mann erweichen.

»Na gut«, grunzt er. »Du darfst einen schnellen Rundgang durch die Räume machen. In jeden Raum darfst du nur einmal hinein und am Ende kommst du wieder hier vorbei, damit ich auch sehe, dass du verschwindest!«, befiehlt er und blickt streng auf Tim hinunter.

»Aber woher soll ich wissen, wie die Räume angeordnet sind?«, fragt Tim verzweifelt.

Der Wächter zeigt auf ein Mosaik* an der Wand. »Schau auf die Übersicht, präg sie dir genau ein!« Er tippt mit dem Finger auf einen Raum. »Hier sind wir – und nun lauf los!«

Wie muss Tim gehen?

Schattenspiel

So luxuriös hat Tim sich die Thermen nicht vorgestellt. Er läuft an goldenen Mosaiken, an prachtvollen Wandgemälden und kostbaren Fliesen vorbei. Auch marmorne Statuen der reichen Bürger der Stadt stehen in den Gängen. Eine davon trägt am Sockel die Inschrift »Titus Hortensius«.

›Das Gesicht muss ich mir merken‹, denkt Tim, der sich nicht mehr genau erinnert, wie der Senator eigentlich aussieht. Dann eilt er weiter. Nie hätte er gedacht, dass die Bäder aus so vielen Räumen bestehen. Da gibt es Umkleideräume, Gymnastikräume, Massageräume, Heißwasser-, Warmwasser-, Lauwarmwasser- und Kaltwasserbecken, mehrere Heißlufträume, die sogenannten Sudatorien, und sogar ein Dampfbad. Und dort in den Dampfschwaden sitzen einige Männer und schwitzen. Im dichten Nebel ist es schwer, etwas zu erkennen. Trotzdem kann Tim den Senator entdecken.

Tim als Handwerker

Das Haus von Titus Hortensius liegt ganz in der Nähe. Als Tim ankommt, verschwindet gerade ein Trupp Handwerker in der offenen Tür. Kurz entschlossen nutzt Tim die Gunst der Stunde und schließt sich ihnen an.

In dem prachtvollen Atrium sind die Handwerker dabei, das Regenbecken zu erweitern. Tim will sich gerade an der Gruppe vorbeischleichen, um die Bibliothek zu suchen, als ein Aufseher mit barscher Stimme fragt: »Was hast du hier zu suchen? Antworte oder ich schick dich zu den Bestien in die Arena.«

Tim erblasst und antwortet schnell: »Ich soll in der Bibliothek das Mosaik ausbessern.«

»Du Bürschchen willst Mosaikleger sein?«, zweifelt der Aufseher und schiebt Tim vor das Mosaik am Boden des Beckens. »Beweise es. Welche Steine brauchst du, um den Fisch vollständig zu legen?«

Tim sieht auf die vielen losen Steine ringsum und nimmt sich fünf Teile.

Mit welchen Steinen kann Tim die Lücken füllen?

Tim zeigt, was er kann

Im Stillen dankt Tim seiner Kunstlehrerin, denn die hat ihren Schülern im letzten Jahr Unterricht im Mosaiklegen gegeben. Der Aufseher ist offenbar von seiner Kunst überzeugt, denn er befiehlt: »In Ordnung, nimm dir die Bibliothek vor.«

»Wo ist denn die Bibliothek«, will Tim wissen, denn er ist ja noch nie in diesem Haus gewesen.

Der Aufseher kratzt mit schnellen Strichen einen Grundriss in den Staub. Mit dem Stock zeigt er auf einen Raum und sagt: »Hier vom Atrium gehst du gerade durch das Tablinum ins Triclinum, von wo du auf einen Gang kommst, der dich zum Peristyl führt. Dort gehst du rechts und betrittst die Culina, durchquerst sie und zwei weitere Räume, bis du am Ende in der Bibliothek stehst. Verstanden?«

Tim hat natürlich gar nichts verstanden. Trotzdem sieht er, dass nach der Beschreibung nur ein Raum die Bibliothek sein kann. Also macht er sich auf den Weg.

Tim sucht eine Rolle

Hektisch sieht sich Tim in der Bibliothek um. Er fürchtet, dass jeden Moment der herrische Aufseher wieder auftaucht.

Er muss die Rolle mit der Rede finden! Aber das scheint fast unmöglich, denn die Bibliothek ist groß und es wird Stunden dauern, auch nur annähernd jede Rolle anzusehen. Deshalb geht Tim systematisch vor. Titus Hortensius hat die Rolle erst gestern Nacht von seinem Gladiator erhalten. Und wenn er sie tatsächlich, wie Tim hofft, in die Bibliothek gebracht hat, dann muss sie irgendwo als oberste oder zumindest als vorderste liegen.

Und dann, erinnert sich Tim, ist ja auch noch das Siegel mit den Anfangsbuchstaben des Senators Marcus Sempronius auf dem Papyrus. Schon etwas hoffnungsvoller schaut er noch einmal genauer nach.

Wo entdeckt Tim die Rolle mit der Rede?

Schlüsselfrage

Als Tim mit der Papyrusrolle nach Hause kommt, empfängt ihn Livia mit schlechten Neuigkeiten: »Der Herr hat von der verschwundenen Rede erfahren. Er ist sehr, sehr zornig und hat Demetrios eingesperrt«, erklärt sie.

Eilig läuft Tim zu Senator Marcus Sempronius und erklärt ihm, wie alles zusammenhängt.

»Mein lieber Junge«, antwortet der Senator, »wieder hast du mir einen großen Gefallen getan, wie kann ich mich dafür erkenntlich zeigen?«

»Demetrios soll kein Sklave mehr sein!«, bittet Tim.

»Und, ach ja, falls du das Gedicht über die Himmelsphänomene von Ovid nicht mehr brauchst, würde ich mich darüber sehr freuen.«

»Ich muss jetzt meine Rede einstudieren. Hol du Demetrios aus der Kammer. Sag ihm, er ist jetzt ein freier Mann. Und er soll dir den Ovid aus der Bibliothek heraussuchen«, ordnet Marcus Sempronius an und reicht Tim seine Schlüssel*.

Kurz darauf steht Tim vor der verschlossenen Tür.

Welchen Schlüssel soll er nehmen?

Bringen Scherben Glück?

Demetrios ist glücklich. Er drückt Tim an sich und sucht ihm sofort das Werk von Ovid aus der Bibliothek. Dann muss er sich um den Senator kümmern, der seine Rede einüben möchte. »Bitte, Demetrios, hilf mir. Wir haben nur noch zwölf Stunden!«, drängt der Hausherr.

Tim erschrickt. Während der Jagd nach der Rede hat er völlig die Zeit vergessen! Es wird höchste Zeit, an den Teletimer zu denken. Der Akku müsste schon bald in ein kritisches Stadium kommen.

Mit der Pergamentrolle in der Hand läuft er in den hinteren Garten.

Dort stockt ihm der Atem. ›Das darf doch nicht wahr sein‹, denkt er entsetzt und starrt auf einen Scherbenhaufen, der dort liegt, wo neulich noch die vier Amphoren standen. So viel er auch sucht, der Teletimer ist nicht darunter. Tim blickt zweifelnd auf die Trümmer.

Sind das die Scherben von vier Amphoren?

Eine Landpartie

Aufgeregt läuft Tim zu Livia und Demetrios und erzählt ihnen von den kaputten Amphoren.

»Amphoren, die man nicht mehr braucht, werden zerschlagen und fortgeworfen«, bestätigt Livia.

»Aber zwei müssen noch irgendwo sein!«, klagt Tim. »Dummerweise habe ich in einer von ihnen etwas sehr Wichtiges versteckt.«

»Das ist Pech«, bedauert ihn Livia. »Vorhin ist der Gärtner auf das Landgut bei Tusculum* gefahren. Ich habe ihm eigenhändig unsere Küchenabfälle in die eine Amphore gefüllt – für die Schweine.«

Verzweifelt stöhnt Tim auf.

»Ich fahre dich hin«, erklärt Demetrios, der Tims Kummer nicht mitansehen kann. »Heute muss ich dem Senator helfen, aber wir können morgen früh aufbrechen, ich bin ja jetzt ein freier Mann.«

Am nächsten Morgen mieten sich die beiden an der Porta Capena* einen Karren. So kommen sie gut voran, bis zu einer Straßenkreuzung.

Einzäunen für Könner

Am späten Vormittag erreichen sie die Villa auf dem Lande. Hinter einer Mauer kann Tim einen Speicher, eine Backstube und auch ein Badehaus erkennen. Auf der Rückseite herrscht die dunkelhaarige Fabia über die Schweineställe.

»Fabia liebt ihre Tiere«, erklärt Demetrios. »Und der Gärtner liebt Fabia. Deshalb ist er hier so oft zu finden.«

Im Moment gehen Fabia und der Gärtner aber nicht gerade liebevoll miteinander um. Im Gegenteil, sie streiten sich. Fabia hat ein neues Schwein gekauft, aber bei dem Versuch, für alle fünf Schweine einen neuen Auslauf zu bauen, hat der Gärtner ein Gatter zerbrochen. Nun ist guter Rat teuer, denn Fabia besteht darauf, dass alle Schweine einen gleich großen Auslauf bekommen.

Der Gärtner sagt: »Geht nicht.«

Fabia ruft: »Das soll aber gehen!«

Tim grinst und sagt leise zu Demetrios: »Und es geht auch.«

Wie kann man die Gatter aufstellen?

73

Tim hat kein Schwein

Tim kippt rasch die Amphore aus: Gemüsereste, altes Brot und matschiges Obst rutschen auf den Boden. Aber kein Teletimer! Die Enttäuschung steht Tim ins Gesicht geschrieben. Demetrios legt ihm tröstend den Arm um die Schultern und fragt: »Ist es nicht die richtige?«

Tim schüttelt den Kopf.

»Dann müssen wir die andere Amphore suchen«, kombiniert Demetrios.

Tim möchte am liebsten sofort wieder aufbrechen, aber der Gärtner hat noch eine Bitte: »Könnt ihr das Gemüse mit nach Rom nehmen? Ich habe schon alles bereitgelegt.« Er zeigt auf den Haufen Grünzeug.

Während Demetrios den Karren herbeiholt, hört Tim hinter seinem Rücken ein lautes Schmatzen. Schnell dreht er sich um und sieht gerade noch, wie das allerkleinste Schwein mit vollem Maul davonrennt und sich wieder unter dem Gatter in seinen Pferch hineinzwängt.

»Verdammte Schweinerei!«, ruft der Gärtner. Doch Tim hat schnell überblickt, was fehlt.

75

An der Leine

Zurück in Rom fragt Tim sofort Livia: »Weißt du, wer die zweite Amphore mitgenommen hat?«

Livia denkt kurz nach. »Ich glaube, das war der Weinhändler Chiantus Rusticus.«

»Wo wohnt der?«, will Tim wissen.

»Keine Ahnung, aber du triffst ihn täglich auf der Rennbahn. Dort fachsimpelt er mit den Wagenlenkern«, erklärt Livia.

Tim weiß genau, wo der Circus Maximus liegt, und hastet kurze Zeit später durch den Eingang.

Er muss den Weinhändler unbedingt finden! Im Moment liegt die lange Rennbahn ruhig in der Nachmittagssonne. Nur von ganz hinten bei den Startboxen hört er ein Fluchen. Tim eilt hin und entdeckt einen dicken Mann, der verzweifelt versucht, bei zwei Wagen gleichzeitig die Pferde einzuspannen, und nicht weiß, welche Leine zu welchem Pferd gehört. Natürlich kann Tim ihm helfen.

Welche Leine gehört zu welchem Pferd?

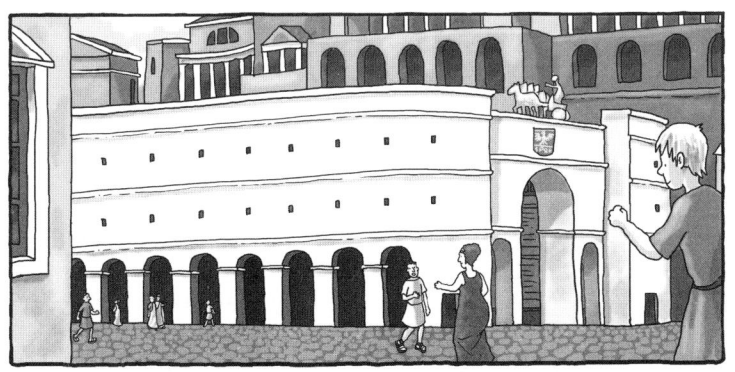

77

Die verlorenen Peitschen

»Ave, bist du Chiantus Rusticus?«, fragt Tim.

Der Mann nickt.

»Hast du gestern eine Amphore aus dem Garten des Senators Marcus Sempronius mitgenommen?«, will Tim wissen.

»Ja, das war meine!«, lacht der Weinhändler. »Ich beliefere den Senator mit Wein. Warum willst du das wissen?«

»Ich habe in der Amphore etwas vergessen«, erklärt Tim. »Wo ist sie denn?«

Doch bevor der Weinhändler antworten kann, kommen seine beiden Wagenlenker und machen sich bereit für die Probefahrt.

»Wo sind die Peitschen, Herr?«, fragt der eine Fahrer. Chiantus Rusticus blickt sich suchend um.

»Eben hatte ich sie doch noch!«, schimpft er.

Tim tritt ungeduldig von einem Fuß auf den anderen.

»Na, dort sind doch die Peitschen!«, ruft er.

Wo sind die beiden Peitschen?

Tim trifft eine kluge Entscheidung

»Die Amphoren lagern in meinem Schuppen beim Tiberhafen«, sagt der Weinhändler und erklärt Tim, woran er den Schuppen erkennen kann.

Tim saust über die Pons Aemilius zum Fluss. Das ganze Tiberufer ist dicht an dicht mit Lagerhallen und Speichern bebaut. Verzweifelt schaut Tim in mehrere Hallen hinein. Hier lagern Gewürze, Marmor, Stoff und Wolle, aber keine Spur von Weinfässern oder Amphoren.

Schließlich trifft Tim auf ein paar Sklaven, die einen Lastkahn entladen. Er fragt sie nach dem Lagerschuppen des Weinhändlers Chiantus Rusticus.

»Keine Ahnung«, antwortet der eine Sklave, »aber alle anderen Weinhändler haben ihre Lager hinter dem Abwasserkanal. Du kannst den Steg hier über die Kloake* nehmen oder du musst bis zur nächsten Steinbrücke gehen.«

Tim überlegt kurz und rennt zur Steinbrücke, obwohl der Weg viel weiter ist.

Warum nimmt Tim nicht den Steg?

Tim hat es eilig

Tim staunt, wie viele Weinhändler in diesem Viertel ihr Lager haben. Alle beziehen ihren Wein aus Ostia*, dem Seehafen Roms, denn dort können die großen Segelschiffe ankern. Mit flachen Lastkähnen werden die Amphoren dann auf dem Tiber bis nach Rom gebracht und hier in den einzelnen Lagerschuppen verstaut.

Doch welcher Schuppen gehört Chiantus Rusticus? Tim erinnert sich vage an die Beschreibung, die der Weinhändler ihm gegeben hat: »Keine Fenster, eine niedrige Tür und ein kleines verschlungenes C als Zeichen ihres Besitzers ...«

Die Zeit wird knapp! Der Akku kann nicht mehr lange halten, und wenn Tim sich nicht bald auf die Rückreise macht, muss er für immer hierbleiben!

Doch es gibt Hoffnung, denn Tim hat den richtigen Schuppen entdeckt.

Welches Lager gehört Chiantus Rusticus?

Höchste Zeit für den Teletimer

Als Tim in den Lagerschuppen des Weinhändlers schlüpft, kann er im trüben Licht kaum etwas erkennen, aber nachdem sich seine Augen an die Dunkelheit gewöhnt haben, erstarrt er entsetzt.

Vom Boden bis zur Decke stapeln sich die Amphoren! Wie soll er hier jemals die mit dem Teletimer finden? Es gibt bauchige, schlanke, hohe, flache, verzierte und schlichte Amphoren, aber wo ist die richtige?

Als Tim versucht, eine Amphore zu untersuchen, ist er in seiner Aufregung wohl zu hektisch, denn ein großer Stapel der wackeligen Tonbehälter neigt sich zur Seite und kippt dann wie eine Kette Dominosteine um. Es klirrt und scheppert und Tim steht in einem großen Scherbenhaufen.

›Wo ist nur dieser blöde Teletimer?‹, denkt er und wühlt verzweifelt in den Scherben herum. Doch dann atmet er erleichtert auf.

Keine Grüße aus der Vergangenheit

Als Tim endlich den Teletimer in der Hand hält, zittert er vor Aufregung. Die Akkuleuchte blinkt orange. »Akku reicht noch fünf Minuten«, steht auf dem Display.

Tim weiß, dass er keine Zeit mehr verlieren darf.

Er drückt auf die Escape-Taste und sitzt im selben Moment wieder in Onkel Haralds Arbeitszimmer.

Der Onkel ist so erleichtert, dass Tim heil und gesund wieder zurückgekommen ist, dass er sogar vergisst, ihm eine Strafpredigt zu halten.

»Ich habe es geschafft!«, ruft Tim. »Ich habe dein Gedicht gefunden.« Und dann will er Onkel Harald die Papyrusrolle reichen, aber er hat sie nicht mehr dabei!

»Irgendwo muss ich sie liegen gelassen haben«, murmelt Tim verwirrt.

Onkel Harald lacht und drückt Tim tröstend an sich: »Du kannst doch kein Gedicht aus der Vergangenheit mitbringen, das in der Gegenwart verschollen ist. Damit würdest du ja den Lauf der Geschichte nachträglich ändern. Das kann nicht gehen!«

Wo hat Tim das Gedicht von Ovid liegen gelassen?

Lösungen

Rom ruft Seite 8

Tim muss die Zahlen 36, 38 und 40 eingeben: Zusammengezählt ergibt das 114. In dieses Jahr wird Tim reisen.

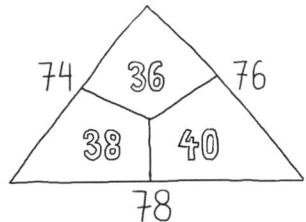

Rätselhafte Hirten Seite 10

Tim geht nach rechts. Begründung: Fragt er den Wahrheitssager, ist dessen Antwort: »Er würde sagen: nach links« wahrheitsgemäß die Lüge seines Freundes. Die entgegengesetzte Richtung wäre also korrekt. Fragt Tim aber den Lügner, wird dessen Antwort »Er würde sagen: nach links« natürlich eine Lüge sein. Auch hier wäre die entgegengesetzte Richtung korrekt. Egal, wen der beiden er fragt, ist das Ergebnis das gleiche: Die entgegengesetzte Richtung führt nach Rom.

Unfall mit Folgen Seite 12

Der Verunglückte hat beim Sturz vom Pferd offensichtlich eine Sandale verloren. Die liegt in der Mitte zwischen den umgekippten Obstkisten.

Tim holt Hilfe

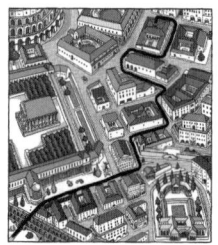

Warum Claudius einen so umständlichen Weg für Tim ausgesucht hat, bleibt sein Geheimnis. Trotzdem findet Tim das Haus des Senators.

Eine große Familie

Mit dem Verunglückten auf der Liege sind acht Familienmitglieder im Raum.

Auch Götter haben Fehler

Folgende Fehler hat der Steinmetz gemacht: Mars: Der Mund ist grimmig. Minerva: Der Stab ist kürzer. Juno: Die Knospe oben an der Kugel in der Schale (ein Granatapfel) fehlt. Jupiter: Die Kopie hat keinen Bauchnabel.

Tim sucht ein Versteck

Das Muster der 2. Amphore von rechts ist anders.

Rezept auf Pergament

Im Text finden sich diese Zutaten: Wachtelbrust, Minze, Pfeffer, Lorbeer, Zimt, Nelken, Öl, Linsen, Ingwer, Dill und Feigen.

und 15 (in der Mitte zwischen 12 und 18). Das ergibt zusammengezählt 45. So alt war der Senator vor fünf Jahren.

Sänften im Stau *Seite 34*
Die für Tims Sänfte (vorne) günstigste Variante geht so: Die Sänfte im Hintergrund setzt zurück, die aus der Nische folgt ihr in die gleiche Richtung. Tims Sänfte wird in die Nische bugsiert, die beiden anderen gehen vorwärts an der Nische vorbei, sodass Tims Sänfte zurück auf die Straße und weitergehen kann. Die anderen Sänften müssten dann wieder rückwärts bis zur Nische. Die eine Sänfte wird erneut in die Nische gestellt, die andere kann dann auch ihren Weg auf der Straße fortsetzen.

Nächtliche Störung *Seite 36*
Tim sieht Fußspuren im Kies, die vom Fenster der Bibliothek bis zum Hinterausgang führen.

Dichterdurcheinander *Seite 38*
15 Rollen sollten es sein, es sind aber nur noch 14 da.

Rede für die Freiheit *Seite 40*
Links neben dem Brunnen liegt ein Reif im Gras.

Tim trägt Schmuck   *Seite 42*
Spiegelverkehrt ist zu lesen: Morituri te salutant.

Tim sieht mehr als der Senator   *Seite 44*
Die Statuen im zweiten Bogen von links in der un-
teren Reihe und die Statue im vierten Bogen von
links in der oberen Reihe sind gleich.

Römischer Zahlensalat   *Seite 46*
Tim muss zum zweiten Eingang von rechts. Dort
befinden sich die Plätze 136–172.

Kampf der Gladiatoren   *Seite 48*
Livia sitzt drei Reihen hinter Tim, neben dem
Mann, der den Arm nach vorne streckt.

Tief unter der Arena   *Seite 50*
Der Gladiator mit dem runden Schild ist der Ge-
suchte, denn ihm fehlt ein Armreif, was man an den
Druckstellen rund um den linken Arm erkennen
kann. Die Armreife der anderen Gladiatoren sind
entweder zu breit oder sie haben ein Muster.

Titus' Termine   *Seite 52*
Titus Hortensius verbringt den Tag in der Therme.

Frage und Antwort *Seite 54*

Das Passwort ist die Anzahl der Buchstaben der von der Wache genannten Zahl: Sechzehn hat acht Buchstaben, achtundzwanzig hat vierzehn Buchstaben, zwölf hat aber nur fünf Buchstaben. Daher ist sechs eine falsche Antwort. Fragt die Wache: »Vierzehn«, ist Tims Antwort »Acht«.

Tim in der Therme *Seite 56*
So muss Tim durch die Therme gehen. ⇨

Schattenspiel *Seite 58*
Der Senator ist die dritte Person von rechts.

Tim als Handwerker
Seite 60
Diese fünf Mosaiksteine braucht Tim für den Fisch.

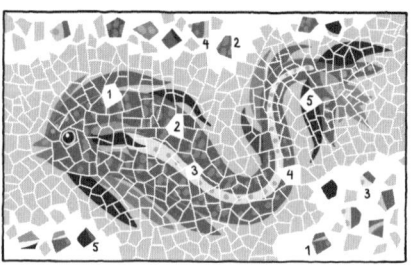

Tim zeigt, was er kann Seite 62

Nur der hier markierte Raum kann die Bibliothek sein.

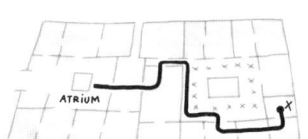

Tim sucht eine Rolle Seite 64

Die Rolle mit der Rede liegt im untersten Regal als oberste der liegenden Rollen.

Schlüsselfrage Seite 66

Der zweite Schlüssel von rechts mit der IV öffnet das Zimmer von Demetrios.

Bringen Scherben Glück? Seite 68

Es können nur die Scherben von zwei Amphoren sein, denn es finden sich nur vier Henkel aus je zwei bis drei Bruchstücken und zwei Halsöffnungen aus zwei beziehungsweise drei Teilen.

Eine Landpartie Seite 70

Auf der Straße nach links geht es nach Tusculum. Die beiden kommen aus Rom. Also muss man den Stein so aufstellen, dass der Pfeil nach Rom in die Straße zeigt, auf der der Karren steht.

Einzäunen für Könner   *Seite 72*
Das Bild zeigt eine Mög-
lichkeit, aus elf Gattern
fünf gleich große Pferche
zu bauen.

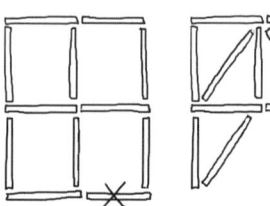

Tim hat kein Schwein   *Seite 74*
Das Schwein hat eine Karotte und einen Apfel ge-
fressen.

An der Leine   *Seite 76*
Der Mann hält die Pferde wie folgt: in der linken
Hand von oben nach unten: Pferd V, III, I, VI – in
der rechten Hand von oben nach unten: Pferd IV,
VII, II, VIII.

Die verlorenen Peitschen   *Seite 78*
Eine Peitsche liegt unter dem vorderen Wagen, eine
hält der Weinhändler in der Hand.

Tim trifft eine kluge Entscheidung   *Seite 80*
Das zweite Brett liegt so, dass es herunterwippt,
wenn Tim seinen Fuß daraufsetzen würde. Und
dann würde er in den Abwasserkanal fallen.

Tim hat es eilig   *Seite 82*
Die Tür ganz vorne unten links gehört zum Schuppen des Weinhändlers.

Höchste Zeit für den Teletimer   *Seite 84*
Tim sieht in der Dunkelheit etwas sehr hell leuchten. Das kann eigentlich nur die Kontrollleuchte des Teletimers sein.

Keine Grüße aus der Vergangenheit   *Seite 86*
Die Pergamentrolle mit dem Gedicht hat Tim zwischen den Scherben der Amphoren im Garten (Seite 66) von Marcus Sempronius liegen gelassen. Dort wurde die Rolle dann vermutlich von einem ahnungslosen Diener zusammen mit den Scherben auf den Müll geworfen und ging so für immer verloren.

Was ist was im Alten Rom?

Amphitheater: ein großes Veranstaltungsgebäude ohne Dach. Die Zuschauer konnten von ihren erhöhten Sitzreihen auf die rund oder oval angelegte Arena blicken. Dort unten fanden die Gladiatorenwettkämpfe statt.

Amphoren: Tonkrüge mit zwei Henkeln, die als Speicher- und Transportbehälter für Öl, Wein, Honig, Milch, Getreide und Früchte dienten. Es gab unterschiedliche Größen von 5 bis 50 Liter Fassungsvermögen.

Aquädukt: Aqua heißt auf lateinisch Wasser, ductus ist die Führung. Ein Aquädukt ist also eine Wasserführung oder eine Wasserleitung. In den Aquädukten wurde Wasser aus weit entfernten Quellen nach Rom geführt, um dort nicht nur die Menschen mit Trinkwasser zu versorgen, sondern auch die Becken der riesigen Badehäuser, der Thermen, zu füllen.

Arena: ein ebener, mit Sand bedeckter Platz, auf dem Wettkämpfe abgehalten wurden. Später nannte man auch die Amphitheater Arenen.

Atrium: der Aufenthaltsraum in einem Haus. Zentral gelegen, mit einer großen Dachöffnung zur Belüftung und Beleuchtung hielt sich hier die ganze Familie auf. Alle anderen Räume hatten von hier ihre Eingänge. Das Atrium war also eine Mischung aus Wohnzimmer und Diele.

Aventin: einer der sieben Hügel Roms. Wohnstätte der Reichen

Becher (Hemina): ein altes römisches Hohlmaß. Es entspricht etwa einem Drittelliter.

Circus Maximus: ovale Rennbahn für Wagenrennen. Der Circus Maximus war mit 600 Metern Länge und 14 Metern Breite der größte. Bei einem Wagenrennen musste siebenmal die Spina (die Mittelinsel) gegen den Uhrzeigersinn umrundet werden. Ein Gestell mit sieben marmornen Delphinen zeigte die Anzahl der absolvierten Runden an.

Curia: eine Art Rathaus. Der zentrale Versammlungsort für die stimmberechtigten Volksvertreter in römischen Städten.

Forum: Ein Forum war im antiken Rom ein Platz, der das politische, juristische und religiöse Zentrum des Ortes bildete. Häufig war es auch ein Marktplatz. Das **Forum Romanum** war das älteste römische Forum.

Gladiator: Gladiatoren hießen im Alten Rom die Berufskämpfer. In der Arena mussten sie öffentlich gegeneinander oder gegen wilde Tiere kämpfen.

Juno (oder auch Iuno): die höchste römische Göttin. Unser Monatsname Juni leitet sich von ihrem Namen ab.

Jupiter: oberster römischer Gott

Kloake: Mit einem Durchmesser von drei Metern war die Cloaca Maxima der größte Abwasserkanal Roms.

Kolosseum: Ursprünglich hieß das Kolosseum Flavisches Amphitheater. Es war das größte Amphitheater der Antike. Hier fanden die berühmt-berüchtigten Gladiatorenkämpfe und Tierhetzen statt. Durch die 80 Eingänge konnten bis zu 50 000 Zuschauer auf ihre Plätze gelangen. Der Kaiser und einige hochgestellte Persönlichkeiten hatten eigene Eingänge und spezielle Sitzplätze mit guter Sicht auf die Arena. Die Ärmsten mussten sich mit den Stehplätzen ganz oben begnügen. Aber dafür war der Eintritt für jeden freien Bürger Roms kostenlos. Bei großer Hitze konnten sogar Sonnensegel aufgezogen werden, die Schatten spendeten.
Im Laufe der Jahre verlor das Kolosseum seine Bedeutung, es wurde durch Erdbeben beschädigt und diente viele Jahre als Steinbruch. Deshalb kann man heute in Rom nur noch eine Ruine besichtigen, aber auch die ist sehr beeindruckend.

Konsul: Dieses mächtige Amt war sehr begehrt, denn der Konsul stand dem Senat vor. Nur ehemalige Konsuln konnten Kaiser werden. Von den Konsuln wurde zum Amtsantritt erwartet, dass sie prächtige Spiele oder Wagenrennen veranstalteten. Auf eigene Kosten natürlich!

Macellum Magnum: eine große Markthalle für Lebensmittel. Besonders gut konnte man hier Fleisch, Fisch oder Delikatessen kaufen.

Mars: Gott des Krieges. Als Statue trägt er oft eine Lanze oder ein Schwert und einen Helm.

Minerva: Im Alten Rom galt die Göttin Minerva als Beschützerin der Handwerker.

Mosaik: Mosaiken sind Bilder an Wänden oder Böden, die aus vielen kleinsten Plättchen zusammengesetzt werden. Meistens waren es Stein- oder Glasstückchen. In ausgegrabenen antiken Häusern sind teilweise noch sehr gut erhaltene Mosaikbilder vorhanden. Sie geben interessante Hinweise darauf, wie die Römer gelebt haben.

Murmillo: eine Gladiatorengattung. Der Name leitet sich von einem Fisch, dem Murma, ab, der in Netzen gefangen wurde. Der Murmillo kämpfte nämlich oft gegen den Retiarius, der mit einem Netz bewaffnet war.

Ostia: In Ostia mündet der durch Rom fließende Tiber in das Mittelmeer. Deshalb lag dort der Seehafen Roms. Die Waren der großen Handelsschiffe wurden auf kleinere Flussschiffe umgeladen und konnten so bis nach Rom transportiert werden.

Papyrus: Papyrus wurde aus einer grasähnlichen Pflanze hergestellt und war das Papier der Antike. Es gab verschiedene Qualitäten, vom feinsten Schreibpapier für Buchrollen bis zum Packpapier.

Peristyl: rechteckiger Hof oder kleiner Garten, der von durchgehenden Säulengängen umgeben ist

Porta Capena: eins von vielen Toren in der Stadtmauer Roms. Hier mündete die Via Appia in die Stadt.

Rhetorik: die Kunst der Beredsamkeit

Saena Iulia: lateinischer Name der Stadt Siena

Schlüssel: Die Römer kannten zwei Arten von Schlössern. Es gab einfache Drehschlüsselschlösser und so wie hier metallene Fallriegelschlösser. Der Schlüssel wurde seitlich ins Schloss geschoben und drückte kleine Bolzen aus dem Schieberiegel.

Senator: Der Senat war der oberste Rat des Römischen Reiches. Wörtlich bedeutet er Ältestenrat. Im Rom der Kaiserzeit hatte der Senat etwa 600 Mitglieder, die Senatoren. Erkennen konnte man sie an einem purpurnen Streifen an ihrer Toga.

Stilus: ein Schreibstift. Mit seiner spitzen Seite wurde in ein Wachstäfelchen geritzt. Die breite Seite diente zum Löschen, indem das Wachs damit wieder geglättet wurde.

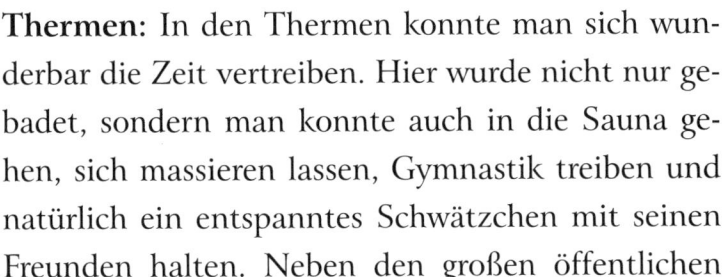

Thermen: In den Thermen konnte man sich wunderbar die Zeit vertreiben. Hier wurde nicht nur gebadet, sondern man konnte auch in die Sauna gehen, sich massieren lassen, Gymnastik treiben und natürlich ein entspanntes Schwätzchen mit seinen Freunden halten. Neben den großen öffentlichen

Thermen gab es auch viele kleinere private Badehäuser. Es gehörte zum festen Tagesritual vieler Römer, den Nachmittag in den Thermen zu verbringen.

Thraker: Der Thraker oder auch Thraex war ein schwer bewaffneter Gladiator. Er trug einen Helm, einen Armschutz am Schwertarm, einen kleinen, gewölbten Schild und zwei sehr hohe Beinschienen. Seine Waffe war das gebogene Kurzschwert.

Toga: Die Toga war für die Römer so etwas wie ein Mantel, nur viel komplizierter anzuziehen. Das sechs Meter lange und zweieinhalb Meter breite Stück Stoff wurde hinter der linken Schulter unter dem rechten Arm durchgeführt und über die linke Schulter geworfen. Meistens war die Toga aus weißer Wolle. Es gab extra Togawäschereien, um die langen Kleidungsstücke wieder hell zu bleichen.

Tunika

Toga

Tunika: Die Tunika war das Alltagskleidungsstück der Antike. Sie bestand aus zwei rechteckigen Stoffstücken, das hintere etwas länger, und wurde auf den Schultern mithilfe von Fibeln (einer Art Sicherheitsnadel) zusammengehalten. Sie reichte bei Männern bis unter die Knie, bei Frauen bis zu den Knöcheln. Zu besonderen Anlässen trugen römische Männer darüber eine Toga, Frauen eine Stola. Häufig trug man mehrere Tuniken übereinander. Das half gegen die Kälte.

Tusculum: Ort südöstlich von Rom in den Albaner Bergen, in der Nähe des heutigen Frascati. In der Antike ließen sich hier reiche Römer nieder.

TRAJAN
RÖMISCHER KAISER
VON 98 - 117

Inhalt

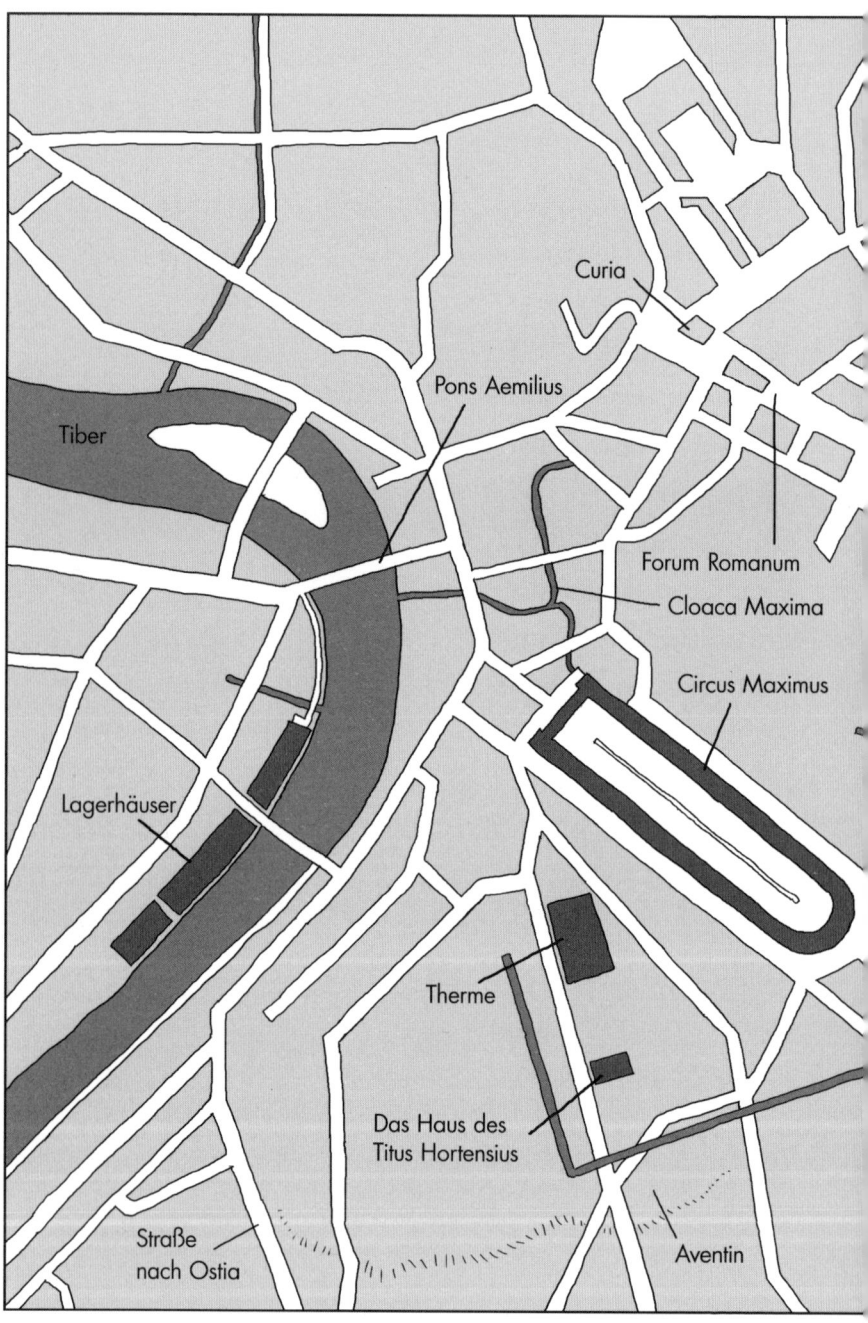

Curia

Pons Aemilius

Tiber

Forum Romanum

Cloaca Maxima

Circus Maximus

Lagerhäuser

Therme

Das Haus des
Titus Hortensius

Straße
nach Ostia

Aventin

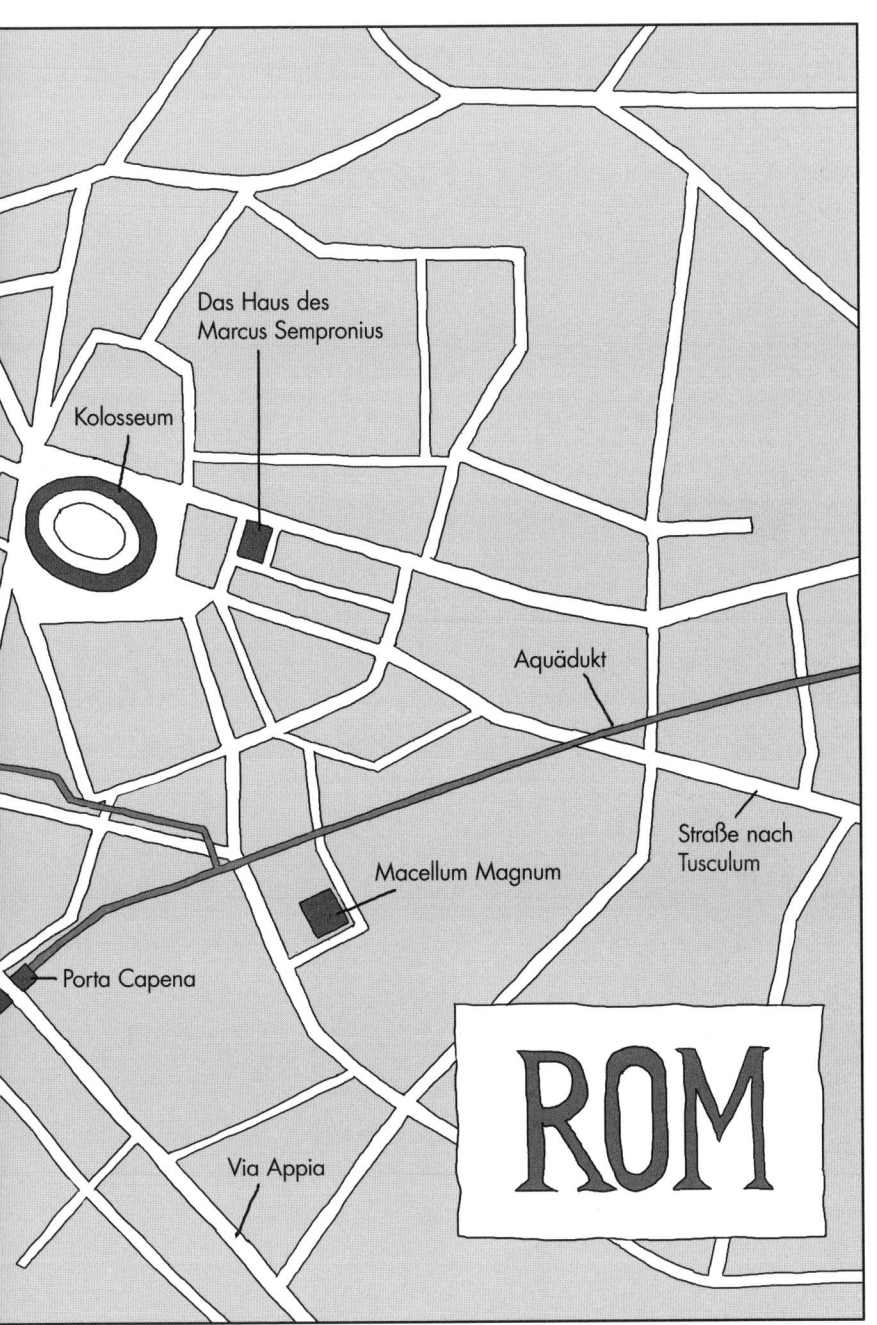